AF382182

Concerto pour deux violons

Du même auteur

Rubis sur l'ongle, Art et Comédie

Nature et Dérapages, La Traverse

Ce héros au sourire si doux, L'Harmattan

Un robot de compagnie, Art et Comédie

Chanson du petit oignon dans le recueil des *Fantaisies Potagères*, L'Avant-Scène Théâtre, « Quatre-Vents »

La Complainte de Ganymède dans *Fantaisies mythologiques*, L'Avant-Scène Théâtre, « Quatre-Vents »

De mère en fille, coécrit avec Anca Visdéi, L'Avant-Scène Théâtre, « Quatre-Vents », (épuisé)

À paraître :
Panique au jardin, Art et Comédie, « Côté Cour »

Concerto pour deux violons

Danielle DUMAS

Éditions ART ET COMÉDIE
3, rue de Marivaux
75002 PARIS

PRÉFACE

Un samedi de 1986, au cours d'un après-midi d'automne, au théâtre Essaïon, à la fin de la lecture de ma pièce Pendant que vous dormiez, *lue par Victor Haïm avec le talent de lecteur qu'on lui connaît, une dame est venue vers moi, et m'a dit, en toute simplicité, son grand intérêt pour la pièce et m'a ouvert les portes de la revue* L'Avant-Scène Théâtre *qu'elle dirigeait.*

Cette dame, c'était Danielle Dumas.

Depuis, au fil des années et de mes créations, Danielle n'a pas cessé de me témoigner estime et affection qui n'ont d'égales que celles, qu'en retour, je n'ai cessé de lui offrir.

Au cours de sa direction de L'Avant-Scène Théâtre, *Danielle a permis à de nombreux auteurs de prendre une place encore plus importante dans le théâtre en publiant leurs pièces jouées, et en créant pour celles qui ne l'étaient pas, la collection des « Quatre-Vents ».*

Ces auteurs, depuis qu'elle est libérée de la charge de la revue, elle les a – avec beaucoup de discrétion – rejoints en écrivant des pièces pour enfants fort réussies, mais aussi pour les adultes comme Concerto pour deux violons *que j'ai le bonheur de vous présenter aujourd'hui.*

Cette pièce est comme une passerelle de complicité entre les thèmes qu'elle aborde et ceux que j'ai moi-même traités dans mes textes et surtout l'un d'eux, essentiel à mes yeux : la dénonciation de l'oubli, de l'occultation, dans la mémoire de bon nombre de personnes, des épisodes tragiques de l'histoire du XXe siècle.

Dans Concerto pour deux violons, *c'est de la guerre d'Espagne qu'il s'agit, de l'immigration des opposants espagnols en France, quand leur propre pays est sous le coup de la dictature franquiste. Danielle nous en rappelle les faits par les voix des émigrants, jamais de façon didactique mais en une polyphonie superbe autour de la quête du propriétaire – le vrai – d'un de ces violons que détient une dame âgée, la lettre « F » figurant sur l'un d'eux.*

Je vous laisse découvrir l'histoire bien construite et l'écriture qui la porte : vivante et fluide. Y aura-t-il un metteur en scène inspiré qui prendra connaissance de votre pièce pour la porter sur un plateau ? Je le souhaite très fort pour notre plaisir et nos intelligences.

ROBERT POUDÉROU

NOTE SUR L'AUTEUR

Danielle Dumas a d'abord été professeur de lettres et a bataillé pour lier théâtre et enseignement.

Après un doctorat sur les mises en scène des *Burgraves*, elle participe en 1985 au catalogue de l'exposition *La Gloire de Victor Hugo*.

En 1986, elle abandonne l'enseignement pour devenir rédactrice en chef de *L'Avant-Scène Théâtre* et crée, en 1987, les éditions des Quatre-Vents aujourd'hui collection des éditions L'Avant-Scène Théâtre.

Elle a édité plus de quatre cents pièces de théâtre. Elle a applaudi des milliers de spectacles et soutenu les auteurs contemporains. Elle a donné des cours d'histoire du théâtre au Cours Florent. Elle a fait partie des comités de lecture du CNL, de Beaumarchais, de « l'Acte de Metz » et elle continue aujourd'hui pour un éditeur de renom. Elle a tenu une chronique dans *Psycho-enfants* et signé une vingtaine de notices pour le *Dictionnaire des créatrices* aux éditions des Femmes.

Membre de la Société des amis de Victor Hugo, elle participe régulièrement à *L'Écho Hugo*. Et, elle écrit…

PERSONNAGES

13 personnages (5 ou 6 H, 8 ou 7 F), peut se jouer à 4 H, 3 F.

LA FEMME/ANNE, *septuagénaire*

LE BROCANTEUR

L'HOMME/JUAN, *octogénaire*

PACO, *un jeune homme*

PRISONNIER 1/VIOLON 1/VOIX 1 *peut être enregistré*

PRISONNIER 2/VIOLON 2/VOIX 2 *peut être enregistré*

MÈRE, *septuagénaire*

MME BOURGOIN, *la quarantaine*

MME PETITJEAN, *la quarantaine*

DAMENCOLÈRE, *la cinquantaine*

CAMINARTE, *homme ou femme*

MANOLITA, *adolescente*

LE SPECTATEUR/FUEGO, *nonagénaire*

Le **concerto**, mot d'origine italienne, est une forme musicale où un ou plusieurs solistes dialoguent avec un orchestre,

La composition consiste proprement à opposer pour unir.

Le concerto est, dans sa forme classique, composé de trois mouvements (un rapide, un lent, un rapide), mais le nombre de mouvements varie, jusqu'à quatre chez Brahms et Chostakovitch, cinq chez Vivaldi, six chez Liszt.

1er mouvement *Vivace*

Un grenier, malle, objets divers, et deux violons dans leur boîte, l'une vernie, de jolie facture, l'autre en bois blanc assez rustique, poignée cassée.
Pénombre. Silence.
Une porte s'ouvre. Lumière. Entrent deux hommes, le Brocanteur et un jeune homme, son aide, précédés d'une vieille femme.

LA FEMME. – C'est ici…

BROCANTEUR. – Encore des vieilleries… *(Examinant un tableau.)* Ça, oui, pour le cadre, et encore ! Va falloir redorer.

LA FEMME. – La malle ? Elle est d'époque avec ses vraies étiquettes…

BROCANTEUR. – Ça, ça s'voit qu'elle est d'une époque qu'est pas la nôtre. Les charnières sont pas en bon état et la serrure est cassée. *(Il fouille, sort des brochures et des livres.)* Les livres, ça se vend plus ! Jules Verne ! Hugo ! Marivaux !

LA FEMME. – Les reliures sont belles.

BROCANTEUR. – J'dis pas… *(Il ouvre un des livres.)* Mais franchement, ma p'tite dame, aujourd'hui plus personne ne lit ça. Marivaux ! Du théâtre ! Personne ne lit du théâtre ! *(Il en ouvre un autre.)* Les *Contemplations* ! *(Il ouvre le livre.)* « Et dire qu'elle est morte ! Hélas ! que Dieu m'assiste[1] ! » Vous voulez faire pleurer les enfants ? Et ça, *Vingt mille lieues sous les mers* ! Les jeunes, aujourd'hui, ils regardent des DVD avec des effets spéciaux !

LA FEMME. – Mais vous avez vu les illustrations ? Des gravures du XIXe, authentiques !

BROCANTEUR. – En noir et blanc ! Tout le monde veut de la couleur aujourd'hui. Si vous les trouvez si belles, faites-les encadrer !

LA FEMME. – Je vais y réfléchir… Et les violons ?

Le Brocanteur ouvre le premier et montre l'archet cassé.

BROCANTEUR. – Inutilisable ! *(Il ouvre la seconde boîte.)* Drôle de boîte pour un violon ! *(Il sort l'instrument. Les cordes pendent.)* Trop de réparations ! Et puis, on peut même pas les essayer… *(Le jeune homme examine le premier violon, retend les cordes, les essaie du bout du doigt, prend l'archet du second violon, resserre aussi les cordes, fait un premier essai, puis un second, et essaie de jouer.)* Pas terrible !

LA FEMME. – Il faudrait peut-être les réviser. Ils sont là depuis… soixante-dix ans !

---

1. Victor Hugo, *Les Contemplations*, « Elle avait pris ce pli… ».

Brocanteur. – Pour une révision, ça, ils ont besoin d'une révision. Je reviendrai quand ils seront révisés. *(Il fait signe au jeune homme de le suivre et sort.)*

La Femme. – Et la salle à manger ? Elle ne vous intéresse pas non plus ?

Brocanteur. – Du faux rustique ? Plus personne ne veut ça !

La vieille dame hausse les épaules.

La Femme – Surtout ceux qui ne distinguent pas le faux du vrai…

Le jeune homme range les instruments dans les boîtes, et profitant qu'elle ne le regarde pas, glisse l'archet cassé dans sa manche.

Noir

<h1 style="text-align:center">2e mouvement Adagio</h1>

Le grenier est dans l'ombre. Comme à la scène précédente, la porte s'ouvre. La Femme entre, allume la lumière. Le jeune homme entre, suivi d'un homme âgé muni d'une petite mallette.

LA FEMME. – Ils sont là.

Le vieil homme regarde le premier violon, puis l'autre. Il pince les cordes de l'un, puis de l'autre. Il ouvre sa mallette. Il sort l'archet « réparé ».

L'HOMME. – Paco a bricolé votre archet. Je ne dis pas que ça va tenir, mais on va essayer, et nous connaissons quelqu'un qui peut en fabriquer un neuf.

LA FEMME, *au jeune homme*. – Vous l'aviez emporté ?

L'HOMME. – C'était pour revenir, madame. Deux violons, même en mauvais état, ça nous intéresse, et le broc', il n'y connaît rien.

PACO. – Et on cherche un violon pour Manolita.

L'Homme. – Manolita, c'est ma petite-fille. Elle a seize ans. Moi, c'est Juan. Lui c'est Paco, son frère. Chez nous, voyez-vous, il n'y avait que les hommes qui jouaient du violon. Mais elle, elle a appris ses notes à l'école et en me regardant jouer. Et sa professeure a dit qu'elle était douée. Alors, il lui faut un violon.

Paco. – Elle joue mieux que moi…

La Femme. – Vous ne travaillez plus avec le brocanteur ?

Paco. – Je suis dans une école de commerce. Je lui donne un coup de main, de temps en temps, pour me faire un peu de sous. Mais il paye avec un élastique, et il dit du mal de nous…

La Femme. – Il ne dit du bien de personne.

Paco commence à nettoyer les instruments, installe les cordes qui manquent. Pendant que l'Homme et la Femme discutent, on entend peu à peu une mélodie monter, d'abord un peu sourde, puis plus claire.

Juan. – Paco m'a dit qu'ils sont là depuis soixante-dix ans…

La Femme. – C'est vrai.

Juan. – Et vous n'avez jamais pensé à en jouer ?

La Femme. – Je n'ai pas l'oreille très musicienne.

Juan. – Et vos enfants non plus ?

La Femme. – Ils préféraient faire du sport. Ils faisaient de l'escrime avec les archets… C'est pour ça que je les ai mis au grenier. Et aujourd'hui les petits-enfants jouent du téléphone… Alors, je préfère m'en séparer.

Juan. – Ils viennent d'où, ces violons ?

La Femme. – Celui dont l'archet est cassé appartenait à mon père, l'autre à un camarade du camp. À Voves.

Juan. – Voves !

La mélodie s'arrête.

La Femme. – Oui. Vous connaissez ? *(L'homme hoche la tête. Le jeune homme examine le violon.)* Ma mère a récupéré les deux chez un cultivateur, après leur départ. Plutôt, après son départ. L'autre lui a laissé son violon quand il s'est évadé.

Juan. – L'autre ?

La Femme. – Le détenu qui l'avait.

Juan. – Et pourquoi laisser son violon ?

La Femme. – Mon père expliquait, dans une lettre, qu'il l'avait échangé contre du linge et des vivres.

Juan. – « L'autre » faisait partie des évadés ?

La Femme. – C'est ce que j'ai compris.

Juan. – Il s'appelait comment ?

La Femme. – Je ne sais pas, mon père le désignait par une initiale : F.

Juan. – Mais pourquoi votre père est pas parti avec lui ?

La Femme. – À vrai dire, je l'ignore. En faisant des recherches, j'ai appris qu'il y avait une direction communiste clandestine dans le camp. Le Parti y formait des cadres politiques et militaires pour la Résistance. Ils avaient institué une sorte d'université avec des cours de français, de maths, d'espéranto. Il y avait aussi des ateliers de menuiserie, de mécanique, un orchestre, une chorale, une troupe de théâtre. F., disait mon père, dans une lettre, avait été arrêté lors d'une cérémonie où il jouait du violon.

JUAN. – On joue souvent dans les mariages et les enterrements.

LA FEMME. – Quand il est arrivé, il n'avait que son violon. C'est mon père qui avait fabriqué la boîte.

JUAN. – Elle a une drôle de forme pour un étui à violon.

LA FEMME. – Il a dû faire avec ce qu'il avait sous la main. Et il n'a pas eu le temps de la teinter, ni de la vernir. D'après ce que je sais, après la grande évasion, en mai 44, les SS ont pris le contrôle du camp et les prisonniers ont tous été transférés sur Compiègne. Il fallait abandonner les deux violons. Un fermier voisin est venu récupérer le matériel abandonné. Il a gardé les instruments de musique et ma mère est allée les reprendre. Moyennant rétribution.

Paco montre au vieil homme une marque sur le manche.

JUAN. – Et elle a su comment il s'appelait l'ami de votre père ?

LA FEMME. – Non. Mon père avait écrit « F. ». Juste l'initiale. C'était un camarade.

JUAN. – C'était un rouge votre père ?

LA FEMME. – Oui. Il avait été arrêté en 41, il tentait avec un certain Nève de constituer un réseau. Ils étaient déjà vingt-quatre. Deux ont été fusillés. Mon père avait été acquitté au procès, mais pas libéré. Il a été transféré à Voves. Là, il y avait surtout des « politiques », et ceux que Vichy appelaient des « indésirables », souvent des étrangers.

Juan. – Vous savez ce qu'il y a sur ce violon ?

La Femme. – Oui, il y a un F.

Juan. – F. pour… Francisco, ou Federico, ou Felipe… Mais il y a plus qu'un F.

La Femme. – Un double O, oui, je l'ai vu.

Juan. – Ce ne sont pas des O. Mais des cercles. L'un est plus petit que l'autre. Regardez.

La Femme. – L'un s'insère dans l'autre.

Juan. – Ce qui veut dire, pour nous : « gens charitables ».

La Femme. – C'est un code ? À côté, il y a aussi un triangle.

Juan. – Oui, un triangle barré d'un trait. Ce qui signifie : le mari est mort.

La Femme. – Comment le savez-vous ?

Juan. – Nous le savons.

La Femme. – Vous dites que vous savez. Vous dites « nous ». Vous dites Felipe, Federico, Manolita… Vous êtes espagnols ? Gitans ?

Juan. – Nous sommes arrivés en France avec la *Retirada*.

La Femme. – En 1939 ?

Juan. – Oui. En plein hiver. Les hommes ont été désarmés et enfermés dans des camps, dans le Sud, et moi, qui étais chétif pour mes dix ans, on m'avait laissé passer avec ma mère et mes deux sœurs. On nous avait regroupés à Voves, et au printemps, une cinquantaine de réfugiés a été envoyée sur Dreux… Nous, on nous a évacués en car sur Gien, puis on est arrivés à Saint-Fargeau. Et là, pour la première fois, on a été bien accueillis…

Bascule de lumière. Deux femmes apparaissent, côte à côte.

MME BOURGOIN. – Bonjour, et bienvenue au nom du Rassemblement des femmes contre la guerre et le fascisme. Je suis Mme Bourgoin et voici Mme Petitjean. Je vais pouvoir accueillir trois familles. Chacune aura une grande chambre avec quatre lits. La cuisine est commune. Les sanitaires aussi. C'était un bâtiment réservé aux ouvriers agricoles et aux saisonniers avant la mécanisation. Il y a quelques années, on y a logé un temps des Italiens qui fuyaient aussi les fascistes.

VOIX DE FEMME. – *¿Y ahora, dónde están?*

MME BOURGOIN. – Ils travaillent dans les bois, ou à la scierie, ou dans le bâtiment. Ils se sont installés chez eux.

MME PETITJEAN. – Vous avez un jardin à l'arrière où vous pourrez cultiver vos légumes et faire un poulailler. En attendant qu'il soit prêt, je vous en apporte, des légumes. J'en apporterai deux fois par semaine tant que les vôtres n'auront pas donné. Et pour que ça pousse, j'ai apporté des plants et des graines. M. Petitjean, mon mari, viendra demain matin vous donner des conseils. Ici, on ne peut pas cultiver de la même façon qu'à Valence ou à Barcelone, car il fait plus froid.

VOIX D'ENFANT. – Mais moins froid qu'en montagne.

Mme Bourgoin. – C'est vrai, petit… J'espère qu'ici, tu n'auras plus froid. Vous trouverez des outils dans la remise. Demain après-midi, le docteur Tripier viendra examiner et vacciner les enfants. Et M. Boulmier, l'instituteur, viendra jeudi matin faire une petite interrogation pour savoir dans quelle section les inscrire.

Voix d'enfant. – Mais on n'a pas de sous.

Mme Bourgoin. – L'école est gratuite… Et obligatoire !

Mme Petitjean. – Et l'après-midi, nous aurons l'abbé Voury pour ceux qui veulent apprendre leurs prières et l'histoire sainte. Ça peut toujours servir… Et en attendant, on vous a préparé une bonne soupe parce que vous devez avoir faim.

Bascule de lumière.

Juan. – Ah ! ça ! Oui ! Elle était bonne leur soupe ! Ça faisait trois jours qu'on n'avait presque rien mangé. Et les paillasses sans punaises, sur de vrais lits, même si ça grinçait parce qu'ils étaient en fer. Et la douche au fond du couloir ! Plus de poux, plus de gale. C'était la vie qui revenait… C'était la fin de la peur, de la honte ! La nuit on pouvait dormir. Le jour, on allait à l'école, on apprenait à jardiner, les mères faisaient la cuisine, et le dimanche on faisait de la musique. Au 14 Juillet, on a fait bal.

La Femme. – Mais en septembre, c'était la guerre !

Juan. – Hélas ! Les bombardements sur Guernica, c'était pour essayer leurs *Stukas* sur nous… Personne voulait nous croire. Mais là ! Le préfet, qui nous avait d'abord trouvés « douteux », a demandé des « travailleurs espagnols » pour les vendanges, puis pour les usines et les carrières. Et mon père a pu monter à Cravant. C'était pas tout près, mais on faisait la moitié du chemin quand il avait l'autorisation de sortir.

La Femme. – C'était pas tout à fait la liberté, mais ça y ressemblait.

Juan. – Il fallait filer doux, ne pas se faire remarquer. Il y avait des visites et des contrôles pour vérifier que les hommes étaient au travail et pas en train de préparer la révolution. Mais comme il y a des salauds partout, certains ont été livrés à Franco. D'autres ont choisi la lutte et se sont engagés. Pour « les étrangers » qui étaient pris, c'était la mort.

La Femme. – Pour les Français aussi. *(Un temps.)* Vous avez dit : « mari mort » ? Mais il n'était pas mort quand il a donné son violon…

Juan. – C'était peut-être le violon de son père, mort au combat. Et « mari » ça peut être simplement « homme », et « mort », une façon de dire qu'il craint la mort, qu'il va à la mort, qu'on doit le considérer comme mort.

La Femme. – C'est vrai qu'il y a eu peu de survivants. Une trentaine d'après ce que j'ai lu. Après Compiègne, ils sont partis pour Neuengamme. Le convoi du 21 mai. Mon père est mort à Sandbostel le 5 mai 1945. Il venait d'être libéré… Et F. n'est jamais revenu chercher son violon.

Le jeune homme donne les violons dont il a retendu les cordes. Le vieux joue une phrase musicale sur l'un, puis sur l'autre. Le jeune homme en prend un. Ils s'accordent puis ils jouent ensemble. Le noir se fait sur eux tandis que peu à peu, sur la musique on entend deux voix.

PRISONNIER 1. – Nous sommes en rangs par cinq. Nous sommes quatre cent quatre-vingt-trois. Hier, ils en ont emmené trois cent soixante-dix-sept.

PRISONNIER 2. – Nous étions quarante-deux détenus, et nous nous sommes glissés dans le trou.

PRISONNIER 1. – Ils ont amené un train de onze wagons à bestiaux pour nous et deux wagons de voyageurs pour l'escorte.

PRISONNIER 2. – Nous avions creusé pendant trois mois, un tunnel de cent quarante-huit mètres, à partir du baraquement des douches.

PRISONNIER 1. – C'était la vingtième évasion. Tous les gendarmes ont été suspectés. Les SS sont arrivés.

PRISONNIER 2. – Le tunnel était mal étayé, mais il débouchait dans la campagne à presque cent mètres du grand camp. La nuit était belle, une pluie fine effaçait nos odeurs. À l'orée du bois, on s'est dispersés. Le ciel s'est dégagé. C'était la pleine lune. J'ai marché sud-est.

PRISONNIER 1. – Je vais avoir quarante ans. Je suis fier d'avoir donné un idéal aux jeunes.

PRISONNIER 2. – J'ai vingt ans et je suis libre…

PRISONNIER 1. – Le camp sera fermé. Nous ne savons pas où nous allons…

PRISONNIER 2. – Il aurait dû venir avec moi. Je connaissais bien tous les chemins du canton, et même plus loin. Je me suis guidé aux étoiles comme le Padrino me l'avait appris. J'ai évité les villes et la Loire.

PRISONNIER 1. – Nous ne savons pas si nous reviendrons.

PRISONNIER 2. – Quand je suis arrivé chez sa mère, j'ai bien reconnu la maison. Elle était comme sur son dessin. C'était l'aube. Et j'ai vu quatre jeunes hommes en sortir. Ils étaient silencieux. Ils ont couru au fond du jardin et ils ont disparu.

PRISONNIER 1. – Ça fait trois jours que les évadés courent. Aucun n'a été repris. Il faut espérer.

PRISONNIER 2. – J'ai attendu un peu et j'ai été à la porte de derrière, comme il m'avait indiqué… La porte n'était pas barrée. Je suis entré dans le couloir, une petite cloche a tinté derrière moi. Il y avait une porte à gauche. J'ai frappé et j'ai attendu. J'avais peur que les jeunes l'aient cambriolée, ou pire… Quand elle m'a ouvert, elle n'avait pas l'air surpris.

Une vieille femme apparaît dans le même halo lumineux que le prisonnier 2. On aperçoit une table et deux chaises.

PRISONNIER 2. – Je suis un camarade de René.

MÈRE. – T'es bien jeune. Entre… Assieds-toi.

PRISONNIER 2. – J'ai eu vingt ans le mois dernier.

MÈRE. – Tu dois avoir faim. *(Elle lui sert un café dans un grand bol.)* C'est de la chicorée avec de l'orge grillée, mais le lait est bien crémeux.

Elle s'assied en face de lui, coupe une tartine et la beurre.

PRISONNIER 2. – Ça fait longtemps que j'en ai pas bu du comme ça.

MÈRE. – Il est où René ?

PRISONNIER 2. – Il se cache. Je peux rien dire.

MÈRE. – Et toi, pourquoi tu n'es pas avec lui ?

PRISONNIER 2. – On pouvait pas rester ensemble au même endroit. Je veux me battre. Il m'a dit que par ici, il y avait des camarades.

Bascule de lumière sur le Prisonnier 1.

PRISONNIER 1. – Ils nous comptent et nous recomptent. Je suis au milieu. Les camarades font un rempart. J'ai plié une feuille en huit, et j'écris sur chaque face. Il te faudra du temps pour lire chaque carré et relier les faces de ma lettre.

Bascule de lumière.

MÈRE. – Pourquoi il vient pas se cacher ici ?

PRISONNIER 2. – Il dit que c'est là qu'on chercherait en premier.

Elle hausse les épaules.

MÈRE. – Penses-tu ! Je cache bien les jeunes du S.T.O. ! Au matin, ils s'en vont dans les bois de Septfonds et reviennent à la nuit noire. Et les gendarmes, quand ils viennent, on les voit arriver de loin. On est toujours prévenus. Et quand ils posent des questions aux voisins, personne n'a rien vu.

PRISONNIER 2. – Je les ai vus. Je savais pas qui c'était. J'ai eu peur… pour vous.

MÈRE. – C'est pas eux qui vont te dénoncer.

PRISONNIER 2. – Je marche depuis sept nuits.

MÈRE. – Tu dois être fatigué. Je vais te faire un lit.

Elle sort.

PRISONNIER 2. – Elle m'a donné un lit avec des draps propres. J'ai dormi comme une bûche. Je suis reparti avec les jeunes le lendemain matin,

MÈRE, *lui tendant sa musette*. – Je t'ai lavé et repassé ton linge. J'ai brossé et graissé tes chaussures. Et j'ai reprisé tes chaussettes et raccommodé ta chemise. Je t'en ai mis une qu'est pas neuve, elle a plus de col, mais t'en auras pas besoin où tu vas. Je te prête une couverture, ça te servira. Faudra me la rendre quand t'auras chassé les Boches. Je t'ai mis aussi du pain, des œufs durs et des pommes. Elles sont un peu fripées, mais elles sont encore bonnes. Et des noix aussi… Les jeunes vont t'emmener avec eux.

Bascule de lumière sur le prisonnier 1.

PRISONNIER 1. – J'écris pour les camarades. J'écris pour tous. Nous avons droit à une toute petite valise. J'ai laissé mon violon, et celui de F., mes pinceaux, mes outils et mes livres à Louis Boulé, un cultivateur qui faisait réparer ses bancs, ses charrettes et ses chaises au « grand camp », et qui livrait des légumes au « petit camp ». Je laisse la lettre à l'endroit qu'il m'a indiqué. Il la postera. Ils ont séparé les politiques et les étrangers. L'appel est fini. Nous allons partir. En chantant. Adieu mes chéries. Je crois qu'on ne peut plus cacher à ma mère qu'ils m'ont arrêté.

« Mais un jour dans notre vie,
Le printemps refleurira
Liberté, liberté chérie,
Je dirai tu es à moi.

    Refrain
Ô terre d'allégresse
Où nous pourrons sans cesse
Aimer, aimer. »

Bascule de lumière sur le groupe dans le grenier.

La Femme. – Ils vous intéressent ces violons ?

Paco. – Ah ! madame, on n'a pas assez d'argent pour les deux. Peut-être pas assez pour un.

La Femme. – Pour un ? Vous auriez le cœur de séparer des camarades ? Et qui vous demande de l'argent ?

Paco. – Mais madame, vous ne pouvez pas donner.

La Femme. – Vous préféreriez que je me fasse rouler par le brocanteur ? Je vous en donne un pour Manolita. Pour que vous accordiez à cette petite, et à toutes les femmes, une place meilleure. Je vous donne les deux parce que vous avez su les faire revivre. Dans vos mains, ils ont chanté. Ils étaient muets depuis si longtemps ! Brecht dit que « la terre appartient à qui la rend meilleure ». Eh bien, les violons devraient appartenir à ceux qui savent en jouer. Quand vous jouerez aux enterrements, vous penserez à nos morts. Et dans les messes de mariage, vous penserez aux rêves de ceux qui apprenaient l'espéranto pour que tous les peuples s'entendent… Et puis prenez aussi ce que vous voulez dans ce grenier.

Paco. – Les livres aussi ?

La Femme. – Les livres aussi.

Juan et Paco. – Merci madame.

La Femme. – Appelez-moi Anne.

Juan. – Le premier concert sera pour vous, madame Anne.

Ils vont pour sortir.

Anne. – Eh bien, Juan, si, un jour, vous trouvez une trace de ce F., prévenez-moi.

Noir

3ᵉ mouvement *Scherzo*

Une rue, nuit tombante. La Femme, élégamment habillée, croise le Brocanteur.

BROCANTEUR. – Bonjour, ma p'tite dame. *(Poignée de main.)* Alors, vous m'avez pas rappelé. Je peux venir les chercher, vos meubles ?

ANNE. – Mes vieilleries ? Elles sont à la salle des ventes. Le commissaire-priseur les a estimées.

BROCANTEUR. – Ah !… Et vos violons ? Ils sont nettoyés ?

ANNE. – Bien sûr !

BROCANTEUR. – Alors je peux passer les prendre ?

ANNE. – C'est que je ne les ai plus.

BROCANTEUR. – Comment ?

ANNE. – Je les ai donnés.

BROCANTEUR. – Donnés ? Mais à qui ? Pourquoi donner ?

ANNE. – Vous m'aviez bien dit qu'ils ne valaient rien ?

BROCANTEUR. – C'était une façon de parler. Dans l'état où ils étaient évidemment, mais une fois nettoyés, j'aurais pu vous proposer… Et les livres ?

ANNE. – Donnés aussi.

BROCANTEUR. – Mais à qui ?

ANNE. – À des gens qui voulaient lire. Heureusement, ça existe encore.

BROCANTEUR. – Méfiez-vous, quand on est trop bon les gens en profitent.

ANNE. – « Dans ce monde, il faut être un peu trop bon pour l'être assez[2]. » Comme disait M. Marivaux, un monsieur qu'on ne lit plus assez.

BROCANTEUR. – Vous êtes trop confiante. Vous allez vous faire dépouiller par des gens qui abusent de votre confiance.

ANNE. – Mes enfants, par exemple ? C'est vrai qu'ils ne viennent me voir que lorsqu'ils ont besoin. Et depuis que j'ai partagé mes économies pour les aider à acheter leur maison, ils n'ont plus le temps de venir. Et mes petits-enfants prennent le même chemin ! C'est la vie, monsieur. On a fait notre temps. Profitons de ce qui reste à vivre !

BROCANTEUR. – Vous savez bien de qui je veux parler.

ANNE. – Non.

---

2. Marivaux, *Le Jeu de l'amour et du hasard*.

BROCANTEUR. – Ce jeune qu'était avec moi, l'autre fois. Je le paye à la journée. Le soir, je le règle. Il avait pas fait grand-chose. Y avait juste un cadre et une lampe à débarrasser. Eh bien, le lendemain, il est pas revenu. Je l'ai plus revu !

ANNE. – C'est que vous ne l'aviez peut-être pas assez payé.

BROCANTEUR. – Ou qu'il cherchait un coup à faire. Ma pauv' dame, c'est pas des gens comme nous.

ANNE. – Ils n'ont pas, comme nous, « le sang rouge et les larmes salées » ?

BROCANTEUR. – Oui ! Eh ben, moi, j'vous l'dis : fermez bien vos portes, sinon, gare à la fauche.

ANNE. – C'est une menace ?

BROCANTEUR. – Vous savez bien c'que j'veux dire… Rentrez pas trop tard. C'est pas prudent de sortir seule comme ça le soir.

ANNE. – Oh ! mais ce soir, c'est inhabituel ! Je vais au concert. Il y a une jeune violoniste exceptionnelle à ce qu'il paraît.

On entend des violons qui s'accordent.

BROCANTEUR. – Pft… des amateurs…

ANNE. – Vous entendez ? Ils répètent. Vous devriez y aller, on dit que la musique adoucit le caractère. Pour moi, c'est évident… Que voulez-vous, le violon, je n'en joue pas, je n'en jouerai jamais, mais je l'aimerai toujours. *(Elle sort.)*

4ᵉ mouvement *Andante*

*Sortie après le concert. Un hall ou une place. Anne au bras
de Juan.*

ANNE. – Quel bonheur de les entendre et de les voir ! Ces
jeunes-là me redonnent confiance dans l'avenir.

JUAN. – C'est un peu grâce à vous…

ANNE. – Il leur a fallu beaucoup de talent et de travail
aussi.

JUAN. – Comment avez-vous trouvé leur programme ?

ANNE. – Très éclectique. Bach, Vivaldi, Falla, ça va sûre-
ment plaire à beaucoup. Vous les avez aidés ?

JUAN. – Si peu !

ANNE. – Je ne sais pas si l'idée est de vous, en tout cas,
elle m'a bien plu, de reprendre, au moment des saluts, le premier mouvement du premier concerto, mais en jazz ! Ça a
réveillé les jeunes, et c'était comme si on avait bien bouclé le
programme.

Le Brocanteur s'approche.

Brocanteur – Ah oui ! c'était un beau concert ! J'ai vu que vous aviez gardé cette drôle de boîte, mais si vous voulez un vrai étui à violon, j'en ai des pas chers…

Anne hausse les épaules. Elle va répondre mais une dame sort, très en colère.

Damencolère. – C'est un scandale !

Anne. – Vous n'aimez pas la musique ?

Damencolère. – Si, et c'est pour ça que je suis en colère ! Jouer Bach en jazz ! C'est une honte ! On défigure les classiques avec de la musique de dégénérés.

Anne. – Pourtant, Django Reinhardt l'avait déjà fait.

Damencolère. – Ça ne m'étonne pas ! Django Reinhardt n'était pas français.

Anne. – Bach non plus.

Damencolère. – Bach, c'est notre culture. Une culture chrétienne ! Mais ça !

Juan. – Il ne s'appelait pas Reinhardt, il s'appelait Weiss. Pas très catholique ! Il jouait de la guitare. Il venait de Belgique. Et il s'était installé à Saint-Ouen. Il avait enregistré « ça » comme vous dites, avant la guerre de 39 ! Triste époque ! Je croyais qu'elle était finie, qu'on ne la reverrait plus jamais, mais hélas ! les fascistes sont revenus.

Damencolère. – Vous insultez les patriotes !

Juan. – Comment ils nous appelaient les patriotes de 1939 ? Ah oui… « La racaille rouge », et les journaux titraient : « Les hordes marxistes déferlent sur la France ».

DAMENCOLÈRE. – Eh bien, aujourd'hui, ce sont ces migrants qui nous envahissent ! Des terroristes qui veulent nous couper la tête !

JUAN. – Où voyez-vous des terroristes ici ?

DAMENCOLÈRE. – Il y en a partout ! Vous ne lisez pas les journaux ? Vous ne regardez pas la télé ?

ANNE. – Mais bien sûr que si, madame. Et j'y ai vu des femmes et des enfants qui fuient la guerre et la mort, des civils qui fuient l'intégrisme, l'obscurantisme et la dictature. Des réfugiés qui demandent un asile.

DAMENCOLÈRE. – Ils n'ont qu'à aller chez les Arabes. Il y a de la place.

ANNE. – Oui, il y a des déserts grands comme quatre fois la France à traverser. Et ce sont des dictatures. Nos démocraties sont des modèles pour eux et géographiquement nous sommes plus proches que l'Arabie. Ils veulent juste la liberté, le droit de vivre en paix. Il faudrait être solidaires.

DAMENCOLÈRE. – Parmi eux, il y a des hommes qui violent et qui tuent.

ANNE. – C'est vrai. Mais ce soir, ceux dont vous avez peur ne sont pas ici, ceux-là interdisent aussi la musique alors que nous, tous, nous l'aimons.

DAMENCOLÈRE. – Mais on ne peut pas accepter qu'on la massacre ! Ni qu'on accueille tous ces gens !

ANNE. – Est-ce qu'on peut les laisser mourir à nos portes ?

JUAN. – En 1939, le gouvernement Daladier ne voulait pas nous ouvrir sa frontière. Il a fait emprisonner les républicains dans des camps indignes, entre la mer et les barbelés. Mais il y a eu le peuple, des Français, à gauche comme à droite, des chrétiens et des marxistes, des gens braves et humains, et ici particulièrement, madame, pour aider ces réfugiés et leur ouvrir leur maison. Et vous savez quoi ? Ces réfugiés, ces étrangers d'abord « indésirables », ils ont fait tourner vos usines et vos fermes et certains ont pris les armes contre l'envahisseur. Pour libérer votre pays. Nous sommes les descendants de ces hommes. Et vous ? De qui descendez-vous ?

DAMENCOLÈRE. – Je suis française de souche et j'en suis fière.

Elle sort suivie du Brocanteur.

MANOLITA, *arrivant avec Paco*. – Est-ce que ce n'est pas Mme Renaud, celle dont le fils a épousé une Sénégalaise ?

JUAN. – Ah ! je comprends…

MANOLITA. – Elle parle tout le temps de « mésalliance »… Elle en veut à tout le monde.

ANNE. – « La haine c'est l'hiver du cœur » disait Victor Hugo…

JUAN. – Pauvre femme !

CAMINARTE, *s'approchant de Manolita et Paco*. – On m'appelle Caminarte, je représente la Coordination d'associations mémorielles autour de l'Espagne républicaine et des thématiques de l'exil. J'ai beaucoup aimé votre concert. Accepteriez-vous d'en donner un autre ? Pour nos associations. Dans notre département, nous avons prévu des manifestations, à Mouffy, à Cravant et à Auxerre. Auxerre serait le plus rassembleur. Après, ce sera dans le Sud.

PACO. – Il faut demander à…

JUAN. – Ce serait une belle tournée. Nous en serions très fiers. Mais ces jeunes gens ont des examens à passer. Et les études ça compte, aujourd'hui.

MANOLITA. – La mémoire aussi, *abuelito*… C'est toi qui le dis tout le temps.

JUAN. – Oh ! quand tu m'appelles comme ça, c'est pour me demander quelque chose.

MANOLITA. – Tu n'aimes pas que je t'appelle comme ça ?

JUAN. – Ce n'est pas la question. Si je vous laisse voyager à travers la France, vous travaillerez moins et vous échouerez à vos examens. Tu as la chance de bien apprendre, et d'avoir une famille qui t'encourage. Si tu n'es pas reçue, on dira que je suis responsable.

MANOLITA. – Écoute-moi, *abuelito*… Tu cherches à savoir d'où vient ce violon ? Tu cherches le quelqu'un qui l'a laissé. Est-ce que tu crois que c'est en restant dans notre campagne qu'il va t'apparaître ? Comme ça, miraculeusement. Si ce violon voyage, peut-être qu'un jour quelqu'un le reconnaîtra. Nous avons laissé exprès la boîte dans son état. Elle dit quelque chose cette boîte. Elle raconte une histoire. Quelqu'un, un jour, nous la traduira.

ANNE. – Mais il y a si longtemps… Et les violons vivent plus vieux que les hommes. Et il y avait la guerre.

MANOLITA. – Mais grand-père est toujours vivant.

JUAN. – Mais moi j'étais un gosse.

ANNE. – Votre grand-père a raison. Moi aussi, je me sentirais coupable si vous n'étiez pas reçus, vous à votre bac et Paco à son diplôme.

CAMINARTE. – Vous savez, ce n'est pas difficile à planifier, toutes nos manifestations ont lieu en fin de semaine, le samedi ou le dimanche…

MANOLITA. – Moi, je me sentirais inutile si je ne résolvais pas l'énigme de ce F.

PACO. – Moi, c'est pareil, je voudrais bien savoir à qui appartenait le violon sur lequel je joue. Son « âme » ce n'est pas seulement la petite pièce de bois qui transmet les vibrations des cordes, la vraie, c'est celle de celui qui en a joué pour la première fois.

JUAN. – *¡Qué burradas[3]!*

CAMINARTE. – Si vous cherchez un Espagnol, comme notre coordination regroupe aussi ceux de Montauban, Decazeville, Agen, Bordeaux, Toulouse, c'est bien le diable si vous ne trouvez pas quelqu'un qui peut élucider votre mystère.

JUAN. – On va déjà voir dans le département…

Noir

3. « Quelles âneries ! »

5ᵉ mouvement *Allegro ma non troppo*

Juan. – J'ai bien peur de vous avoir encore fait venir pour rien. Ces Fernandez et Ferrano dont on m'avait donné les noms ne correspondent pas à l'homme que nous cherchons.

Anne. – Mais ça ne fait rien, Juan, vous avez fait tout votre possible. Les enfants ont été reçus à leurs examens, et ils sont tellement heureux de faire partager leur musique. Regardez les spectateurs, la joie se lit sur leurs visages quand ils sortent. *(Un temps.)* Et si l'homme que nous cherchons était mort ?

Juan. – Il est peut-être retourné en Espagne quand Franco a crevé.

Anne. – Réfléchissez, il aurait au moins quatre-vingt-dix ans… et…

Juan. – J'en ai bien quatre-vingt-cinq, et je suis toujours là. Bonne oreille et bon œil. Les pieds fatiguent un peu… Ah ! voici les enfants…

Manolita et Paco paraissent. On s'embrasse.

Manolita, *chuchotant.* – Il y a un homme qui nous attendait.

JUAN. – Encore un admirateur, ça arrive à chaque fois…

MANOLITA. – Oui, mais celui-là, il nous suit sans rien dire.

Un spectateur en fauteuil roulant vient vers le groupe, suivi du Brocanteur qui porte un étui à violon.

LE SPECTATEUR, *à Paco.* – Vous avez une curieuse boîte à violon, jeune homme…

BROCANTEUR. – Ah ! j’en ai une, pas chère, qui serait beaucoup mieux pour votre tournée… *(Tous l’ignorent.)*

Paco regarde Juan. Manolita se serre contre Anne.

ANNE. – Vous la reconnaissez ?

LE SPECTATEUR, *toujours fixant la boîte et sans regarder Anne.* – Il me semble, en effet, la connaître.

JUAN. – Vous vous appelez… Francisco ? Federico ? Felipe ? Fernando ?

L’homme, après des dénégations, éclate de rire.

LE SPECTATEUR. – Vous voulez parler de l’initiale sur le violon ?

JUAN. – Évidemment !

LE SPECTATEUR. – Vous y avez vu le F. Mais je m’appelle Jesus ! Jesus Ortega !… Dit *Fuego fatuo…*

JUAN. – Fuego ? *(Il va vers lui et l’étreint.)* Fuego ! On était ensemble à Voves… Tu ne peux pas te rappeler. J’étais un gosse haut comme ça, et toi tu ne regardais pas les mioches ! Et nous, on t’admirait tellement… *(Aux autres.)* Fuego ! C’est

Fuego ! Et je n'y avais pas pensé ! *¡Qué burro[4] !...* Fuego !
Celui qui met le feu et qui court aussi vite que lui ! On disait :
« *No atraparon al fuego fatuo[5]* ».

FUEGO. – Ah ! aujourd'hui, ils me rattraperaient facilement. Mais à Madrid, j'avais mis le feu chez les fascistes en rampant sous leurs lignes et je courais si vite que l'alerte n'avait pas été donnée quand je suis rentré dans les nôtres. Ils ont cru que le feu s'était déclaré comme ça, naturellement… « Fuego fatuo » qu'ils disaient… *¡Cojones[6] ! (Il rit. Juan aussi.)* Le nom m'est resté. Et à Teruel, c'est moi qu'on a envoyé saper leur front pour retarder leur avance.

ANNE. – Et à Voves ?

FUEGO, *sans la regarder*. – La première fois, je n'ai pas fait grand-chose. On était si… fatigués. On était des vaincus.

JUAN. – Mais tout le monde parlait de tes exploits… Voyons… Comment c'était :

« *Lo mismo que el fuego fatuo,*
lo mismito es el querer[7]. »

FUEGO. – Tu t'en souviens ! Quelle mémoire ! Mais je n'avais plus le « querer » ! Le feu s'était éteint à Argelès. Après, il y a eu Dreux où on a essayé de vivre. Enfin, de survivre…

4. « Quel âne ! »

5. « On n'attrape pas un feu follet. »

6. « Couillons ! »

7. *Querer* : verbe signifiant à la fois vouloir et aimer. « Semblable au feu follet / Presque semblable est le vouloir. »

Jusqu'au moment où on m'a arrêté et renvoyé au camp. Ce camp, je le connaissais mieux que ceux qui y étaient depuis bientôt un an. Je leur ai expliqué comment creuser sous les douches. Je voulais tellement être libre. Et j'ai trouvé des camarades. Et le feu s'est rallumé…

PACO. – Et le violon?

FUEGO. – Il vient d'Argelès. C'est un Gitan qui me l'a donné. Il m'a appris à jouer. Il disait que j'avais de l'oreille. Il ne savait pas ses notes, moi non plus, mais il me faisait placer les doigts et jouer les chansons que je savais ou qu'il fredonnait. Et, parfois, comme personne n'avait envie de chanter, on imitait le vent, les oiseaux, les vagues. Un jour depuis le camp des femmes on a entendu :

(Voix off de femme.)

« Lo mismo que el fuego fatuo
Lo mismito es el querer
que juyes y te persigue,
le sigues y echa a correr.
Lo mismo que el fuego fatuo,
Lo mismito es el querer.
Malhaya los ojos negros que
le alcanzaron a ver!
Mal haya el corazón triste,
que en su fuego quiso arder.
Lo mismo que el fuego fatuo,
lo mismito es el querer[8]. »

8. Extrait de *L'Amour sorcier* (*El amor brujo*) de Manuel de Falla.

Fuego. – Et c'est comme ça que j'ai joué autre chose que *Le Riego, ¡Ay Carmela!* ou *¡A las barricadas!* Il m'apprenait aussi les étoiles, comment me guider sans lumière, la nuit. Pauvre Padrino ! Il était malade, il toussait de plus en plus. Pas de médecin, pas de médicaments. Je me suis glissé la nuit sous les barbelés, j'ai marché jusqu'à la ville. Le pharmacien a eu pitié. Il m'a donné du sirop, des cachets, des cataplasmes.

Juan. – Il y a des braves gens partout !

Fuego. – Je suis revenu au camp. Mais c'était trop tard. Le mal l'a emporté. Il est mort quelques jours plus tard en me donnant son violon. Il avait gravé ses messages avec un clou arraché aux baraques.

Anne. – Et Voves ?

Fuego. – Je me suis enfui d'Argelès. J'ai marché vers le nord. Ils m'ont arrêté du côté d'Orléans et m'ont mené à Voves. J'y ai retrouvé un bout de ma famille, ma mère, ma sœur, deux cousines.

Juan. – Mais je ne t'ai jamais vu jouer du violon…

Fuego. – Comment jouer avec toutes ces femmes en deuil ? Mon père tué sur l'Èbre, et mon frère fusillé, ma sœur malade, mes cousines orphelines. À quoi bon jouer du violon quand il fallait jouer des coudes à la soupe, se faire inscrire sur des listes, se faire embaucher. J'ai juré tout ce qu'on a voulu. Que je n'avais jamais fait de politique, que j'avais perdu ma mère dans la foule à la frontière, que je n'étais pas un rouge, que j'étais trop jeune pour me battre.

Juan. – Toi ! Te renier comme ça !

FUEGO. – J'avais seize ans et j'étais chef de famille.

MANOLITA. – « La faim est une porte basse[9]. »

JUAN. – Saleté d'époque !

FUEGO. – On nous a regroupés à Dreux… Plus de barbelés. Un peu de travail dans les fermes. Juste de quoi ne pas mourir de faim. Pas encore de sortir du désespoir. Mais, il y avait la radio, j'ai entendu d'autres musiques. J'ai repris le violon. Je me faisais un peu de sous en jouant dans les mariages. Mais je n'avais pas de carte de travail. J'ai été dénoncé.

JUAN. – Il y a des salauds partout.

FUEGO. – Ils m'ont arrêté en pleine messe, avec le violon, et ramené à Voves. Le camp avait changé. Il y avait un orchestre. J'ai vraiment appris la musique. J'ai appris aussi que la lutte n'était pas finie. Qu'il y avait des Espagnols qui s'étaient engagés avec des Français pour chasser les fascistes. Et en mai, on s'est évadés. J'ai laissé le violon à René.

ANNE. – Et vous n'êtes jamais revenu le chercher.

Fuego regarde Anne. Long silence.

FUEGO. – Comme vous lui ressemblez !

ANNE. – J'ai son âge maintenant. Vous ne lui avez jamais rapporté la couverture. Vous n'êtes jamais venu rechercher le violon.

FUEGO. – Si… Mais la maison était fermée. Alors je suis allé au bistrot *Chez Pierrette*…

9. Victor Hugo, *Ruy Blas*, (acte I, scène 3).

ANNE. – *Chez Paulette.*

FUEGO. – Elle m'a dit que vous… qu'elle était à l'hôpital, à Paris. Que son fils n'était pas revenu…

ANNE. – C'était en 1947 ! Vous n'êtes venu qu'en 47 !

FUEGO. – Oui. Le chemin a été long. Les bois de Septfonds, de Mézilles, la forêt d'Othe. Le capitaine Castagne[10] avait besoin d'hommes, il m'a tout de suite incorporé. J'étais fier. J'étais Fuego de nouveau avec son groupe de combattants. Après la jonction avec le réseau Bourgogne on nous a appelés « Gaulois ». Gaulois, moi, un Navarrais ! *(Il rit.)* Et ensuite on a marché sur l'est. Il y avait un gars d'Irancy qui disait : « On sera rentrés pour les vendanges… » Sacré Maurice ! Il connaissait pas les nazis. On a été coincés en Alsace. Et à Strasbourg on n'a pas réussi avant janvier 45. Après, on a voulu les raccompagner à la frontière et au-delà.

PACO. – Ça vous a évité la folie de la *Reconquista*.

FUEGO. – Castagne disait que c'était trop tôt.

JUAN. – Il avait du jugement. « Libérer la France pour libérer l'Espagne ! » Quelle blague ! Ceux qui sont partis d'Auxerre ont été massacrés dès les Pyrénées. La Guardia Civil avait été rancardée. Il y a des salauds partout.

FUEGO. – On n'a été démobilisés qu'en février 46. Alors on est rentrés… Démobilisés, ils disaient… Imaginez ! Après les combats, les blessés, les cris, les explosions, toutes ces horreurs,

---

10. Constantino Simo, dit Castagne, héros de la Résistance.

imaginez le chant des oiseaux, et les gens qui souriaient simplement parce que nous étions vivants. C'était comme si chaque femme, chaque arbre, chaque cep, chaque fruit, tous, nous appelaient et nous disaient : « reste ». On avait besoin d'hommes pour travailler dans les vignes. Je suis resté. Maurice m'a dit : « Tu partiras après les vendanges. » Castagne voulait rester en France. Et Maurice avait une sœur aux yeux verts.

PACO. – « *Verde que me quiero verde*[11] ».

JUAN. – La paix commence souvent par un mariage.

FUEGO. – J'ai voulu faire venir ma mère. Je lui ai écrit. La lettre m'est revenue avec la mention « n'habite pas à l'adresse indiquée ». J'ai écrit au curé. C'est un autre qui m'a répondu. Celui que je connaissais avait été arrêté. Ma mère et ma sœur aussi. Rafle punitive. Plus de traces.

PACO. – *Nacht und Nebel…*

FUEGO. – Elles qui ne faisaient pas de politique… Qui n'avaient jamais pris une arme et qui n'écoutaient même pas Radio Londres ! Oh ! j'ai espéré quand même pendant des années. J'ai contacté les associations, mis des annonces dans les journaux. *Nada*. Je me suis résigné.

JUAN. – Et en Espagne ?

FUEGO. – Pourquoi retourner en Espagne ? Ma vie, je l'ai faite ici. J'avais tellement défié la mort que je me suis jeté dans la vie comme dans un combat. J'ai aimé Jocelyne. Je ne

11. Federico García Lorca, *Romance Somnámbulo*.

savais pas prononcer ce J. Le J français. Pas la jota si dure. Jocelyne, c'était si doux. Une fille française habillée de tissus légers à fleurs rouges. Elle dansait dans le soleil, elle riait et montrait ses bras et ses jambes, alors que les femmes et les filles de chez moi, cachaient un deuil éternel sous des oripeaux noirs.

JUAN. – Nous avions tant de morts…

FUEGO. – Jocelyne était la lumière après la forêt des dangers. Ma lumière. J'aimais la liberté, elle m'a fait aimer la France. Même si la France ne m'a pas donné tout de suite sa nationalité. Je l'ai demandée en 1956, j'avais une femme, deux enfants, et je travaillais pour lui faire son vin… *Nada*. Castagne pareil. Il l'a obtenue en 1996! Moi aussi. On avait les décorations, mais on était toujours des apatrides. Cinquante ans après nos luttes. Moi qui m'étais battu pour leur liberté, leur justice, est-ce que c'était juste?

JUAN. – Je ne me suis pas battu comme toi pour un monde nouveau. Mais quand j'ai eu vingt ans, ils m'ont demandé de choisir. Je leur devais le gîte, l'instruction, la paix. J'ai mis leur uniforme. C'est comme ça que je suis devenu français. J'ai même occupé l'Allemagne!

BROCANTEUR. – Ça, c'est un vrai patriote!

JUAN. – Je suis allé en Espagne, après Franco, je n'ai rien reconnu. J'avais l'Espagne dans mon cœur, dans ma tête, mais c'était comme si le pont entre nous s'était effondré. J'étais devenu étranger au pays de mon père. Et moi aussi j'avais fait ma vie ici. Ce sont mes petits-enfants qui jouaient, ce soir. Avec ton violon et celui de ton camarade.

FUEGO, *à Anne*. – C'est vous qui les aviez?

ANNE. – J'en ai hérité. Personne ne faisait de musique après la mort de mon père. Plus personne. Je les ai gardés pendant soixante-dix ans… Et, un jour, je les ai donnés à Juan.

FUEGO. – Vous avez bien fait. Je n'en joue plus depuis longtemps. *(À Paco.)* Je suis content qu'il te serve. Tu peux le garder. Mais donne-moi la boîte. *(Il tend un billet au Brocanteur, prend l'étui que celui-ci gardait sous son bras, le tend à Paco et reçoit l'autre avec un geste protecteur.)* Joue-moi encore *Amor brujo, L'Amour sorcier*, comme vous dites.

> *Paco commence. Manolita l'accompagne. Puis brutalement les violons changent de rythme et l'hymne de la République espagnole, le* Riego *s'élève.*

> *Serenos y alegres*
> *valientes y osados*
> *cantemos soldados*
> *el himno a la lid.*
> *De nuestros acentos*
> *el orbe se admire*
> *y en nosotros mire*
> *los hijos del Cid.*

> *Soldados la patria*
> *nos llama a la lid,*
> *juremos por ella*
> *vencer o morir.*

> *Noir lent.*

FIN

Imprimé à la demande par Libri Plureos GmbH, Bad Hersfeld, Allemagne

1re édition, dépôt légal : novembre 2016
N° d'édition : 201653
ISBN : 978-2-37393-214-0